PLAN
von
JENA
und
Wenigen-Jena

II. Auflage.

Verlag der Doebereiner'schen Buchhdl. Nachfolger Rassmann.
Beilage zum Dr. Leonhardt'schen Führer

A. Klimke Geogr. Anstalt Leipzig-R.

Zeit SPRÜNGE

Jena

Von dem Jenaer Fotografen Julius Schnauss sind die frühesten Aufnahmen von Gebäuden der Stadt seit dem Ende der 1850er-Jahre überliefert. Als Friedrich Drake das Denkmal des Universitätsbegründers Johann Friedrich I. des Großmütigen am 16. August 1858 während der dreitägigen Feierlichkeiten zum 300. Universitätsjubiläum auf dem Marktplatz enthüllte, war das für Schnauss ein willkommener Anlass, die Statue zu fotografieren. Ursprünglich von einem Metallgitter umzäunt, ist der bis heute im Volksmund liebevoll „Hanfried“ genannte Johann Friedrich vor den Fenstern der Gaststätte „Heinei“ an der Nordseite des Marktes zu erkennen. Diese Ansicht gehört zu den beliebtesten Motiven für Postkarten und Erinnerungsfotos.

Zeit SPRÜNGE

Jena

Birgitt Hellmann und Sebastian Reuter

SUTTON

Bildnachweis

Alle historischen Fotografien sind der Sammlung des Jenaer Stadtmuseums entnommen worden, die zeitgenössischen Fotos fertigte Sebastian Reuter (www.Sebastian-Reuter.de) aus Jena an.

Einband vorn: Eine der frühen Ansichten der Marktwestseite bildete der Fotograf Carl Bräunlich 1879 ab. Um die Front der Gebäude vom Rathaus bis zur Hofapotheke aufzunehmen, suchte er sich einen erhöhten Standort in der dritten Etage des Hauses Markt 11. Links ist das Rathaus mit dem um 1870 umgebauten Erdgeschoss der Gaststätte „Ratszeise“ erkennbar, die Carl Herzer betrieb. Wo heute die Ratsapotheke ihre Kunden empfängt, befand sich damals das Wäschegeschäft von Gustav Korte neben der kleinen Drahtwarenfabrik von Eduard Otto. Am 19. März 1945 zerstörte der schwere Bombenangriff auf Jena die Gebäude nördlich des Rathauses, nach der Enttrümmerung entstand hier zu DDR-Zeiten eine beliebte Freiluftgaststätte. Nach der Wende wurde die Neubebauung der Marktwestseite 1997 fertiggestellt, die wegen ihrer Gestaltung mit kräftigen Farben im Volksmund den Spitznamen „Papageienhäuser“ erhielt.
Einband hinten: Hercynenhaus am Johannisplatz 30 vor dem Abriss 1969 / Neue Mitte 2014
Vorsatz: Stadtplan von Jena, 1901
Schmutztitel: Jena vom Hausberg, Farblithografie von Otto Westphal, 1909
Nachsatz: Blick vom Johannistor auf den Hausberg, um 1910

Sutton Verlag GmbH
Arnstädter Straße 8
99096 Erfurt
www.suttonverlag.de

ISBN: 978-3-95400-411-9
Druck: Florjančič Tisk d.o.o. / Slowenien

Einleitung

Ein „Zeitsprung“ – das ist für alle historisch Interessierten der Traum, das Leben ihrer Vorfahren nachvollziehen zu können, einzutauchen in ihren Alltag, ihre Gewohnheiten und Vorlieben. So haben zeitgenössische Fotografien als historisches Quellenmaterial einen hohen Anschauungs- und Stellenwert, auch wenn der Fotograf das abgebildete Geschehen möglicherweise anders interpretiert hat, als der Betrachter dies tut. Dieses Buch bewegt sich von den Anfängen der niedergelassenen Fotografenateliers in Jena bis zur Gegenwart und geht chronologisch auf Spurensuche. Häuser und Straßenzüge sollen in ihrer Wandlung innerhalb der letzten 100 Jahre die Veränderungen im Stadtbild zeigen. Den historischen Fotos werden vom möglichst gleichen Standpunkt des Fotografen die heutigen Ansichten gegenübergestellt. Das ermöglicht ein Eintauchen in die Atmosphäre der Stadt, die sich seit dem letzten Drittel des 19. Jahrhunderts von einem „Universitätsdorf“ zur modernen Industriestadt gewandelt hat. Doch nicht nur die damit einhergehenden architektonischen Veränderungen und die neu entstandenen Straßen und Häuserzeilen werden sichtbar, vor allem der immense Verlust infolge der Bombardierungen am Ende des Zweiten Weltkrieges fallen auf vielen Bildern ins Auge. Jenas Innenstadt ist keine gewachsene Stadt mit homogenen Straßen und Plätzen mehr. Auch wenn seit der Wende zahlreiche Baulücken geschlossen wurden, zeigt gerade der Diskurs um die Eichplatzbebauung, dass nicht alle Architektenentwürfe den Zeitgeschmack treffen.

Die Auswahl der historischen Fotos entstammt der Sammlung des seit 1901 existierenden Stadtmuseums. Dessen Gründer, der Kunsthistoriker und Denkmalpfleger Paul Weber, traf mit viel Weitsicht die Entscheidung, die in einem Bauboom befindliche Stadt in Fotografien festzuhalten, und auch nach seinem Tod 1930 wurde die Sammlung unter diesem Gesichtspunkt erweitert. Vor allem den jungen und zugezogenen Jenaern ermöglichen die in diesem Zuge entstandenen Ansichten der nach und nach abgerissenen, um- oder neu gebauten Gebäude einen Vergleich mit der heutigen Situation. Für die heutigen Aufnahmen hat sich der Fotograf Sebastian Reuter mit viel Engagement und Geduld bemüht, die Standpunkte seiner Vorgänger zu recherchieren und einzunehmen, wofür ich ihm herzlich danke.

Birgitt Hellmann

Die Entstehung der Fotos

Liebe Leser, liebe Jena-Fans,

der Bild- und Fotoband, den Sie in den Händen halten, soll Ihnen Ansichten und Örtlichkeiten Jenas im Wandel der Zeit zeigen und ist das Resultat intensiver Recherchen.

Zunächst galt es, aus dem reichen Fundus des Stadtarchives historische Bilder herauszusuchen, die Ansichten zeigen, die man auch heute zumindest teilweise im Stadtbild wiedererkennen kann. In der Regel hatten die damaligen Fotografen Gebäude und Blickpunkte fotografiert, die in ihren Augen besonders schön und zeitgenössisch-interessant wirkten. Heute, mehrere Jahrzehnte später, lässt sich das von den aktuellen Ansichten jener Örtlichkeiten nicht immer sagen.

Das Nachstellen der damaligen Perspektiven für aktuelle Aufnahmen erwies sich vielfach schwieriger als gedacht. So konnte ich leider manche der historischen Standorte gar nicht einnehmen, da seinerzeit die Bilder aus Fenstern und Gebäuden heraus geschossen wurden, zu denen ich keinen Zugang bekam. Auch wenn es meinen Ansprüchen an fotografische Perfektion nicht genügte, musste in diesen Fällen notgedrungen die Perspektive von einem bodennahen Standpunkt für die aktuelle Aufnahme reichen. Eine weitere Schwierigkeit bestand darin, dass neben dem passenden Wetter für möglichst optimale Fotos auch bestimmte Zeitpunkte der Aufnahmen gefunden werden mussten. Z.B. jene, an denen ohne störende optische Hindernisse (wie Baustellen, parkende Lkw, belaubte Bäume usw.) eine Sicht von eben demselben Standort wie früher möglich war, um dieselbe Perspektive zeigen zu können. Darüber hinaus mussten der Sonnenstand und der Schattenwurf großer Gebäude berücksichtigt werden. Die meisten der hier gezeigten Örtlichkeiten habe ich daher mehrfach aufgesucht und zu verschiedenen Jahres- und Tageszeiten fotografiert, um die jeweils bestmögliche Aufnahme zu bekommen.

Mein erklärtes fotografisches Ziel ist es, Jena als die wunderschöne und lebenswerte Stadt darzustellen, die sie ist. Natürlich hat sie auch „Ecken und Kanten", die nicht perfekt sind. Doch auch diese nicht immer schönen Örtlichkeiten wollte ich im zeitlichen Vergleich nicht ausblenden und habe sie deswegen in dieses Buch aufgenommen. Das geschichtliche Interesse an den über die Jahrzehnte entstandenen Veränderungen war mir in diesen Fällen wichtiger als eine schöne Ansicht.

Ich freue mich, Ihnen nach umfassenden Nachforschungen und dem Besuch unzähliger Örtlichkeiten Jenas in diesem Band eine kleine Auswahl von Gegenüberstellungen alter und neuer Stadtansichten präsentieren zu können. Sachkundig kommentiert von Birgitt Hellmann, sollen Ihnen die Aufnahmen zeigen, wie sich Jena im Laufe der vergangenen rund 100 Jahre verändert hat.

Ich hoffe, Sie haben Spaß beim Betrachten der Bilder, beim Vergleichen und (Wieder)Entdecken. Und sollten Sie ebenfalls noch über seltene Jenaer Stadtansichten verfügen, können

Sie sich gern an das Stadtmuseum wenden und dies mitteilen. Vielleicht taucht in einem nächsten Bildband ja auch einmal ein historisches Foto aus Ihrer Sammlung auf und erfreut an der Stadtgeschichte Jenas Interessierte?

Herzlichst,
Ihr Sebastian Reuter
(www.Sebastian-Reuter.de)

Hans Fischer fotografierte 1929 die letzte Fahrt der Jenaer Postkutsche. Mit grünen Reisern geschmückt, zogen noch einmal alle gelben Postpferdefuhrwerke durch die Stadt bis zum Markt. Dort hielt Oberpostschaffner Gröber eine Abschiedsrede. Bei dem Kutscher handelt es sich vermutlich um den Posthalter Albin Kneisel, der kurz darauf ein neues Arbeitsfeld in der Reisebranche gefunden hat und unter dem Namen „Kneisels Rundfahrten“ Busreisen anbot.

Sternwarte

Vom Dezember 1889 datiert diese Aufnahme der gerade neu erbauten Sternwarte im Schillergässchen. Rechts steht das ehemalige Schiller'sche Gartenhaus, in dem dieser mit seiner Familie in den Sommermonaten der Jahre 1797 bis 1799 lebte. Auf dem Grundstück ließ bereits 1812 der damalige Herzog Carl August von Sachsen-Weimar-Eisenach auf den

Vorschlag von Johann Wolfgang von Goethe eine Sternwarte errichten. Im Schiller'schen Gartenhaus befand sich seitdem die Dienstwohnung des Rektors der Sternwarte. 1878 zog Ernst Abbe mit seiner Familie hier ein. Auf seine Anregung hin und zu seinen Kosten wurde 1888/89 eine neue Universitätssternwarte unter der Leitung des Weimarer Architekten Ferdinand von Streichhan errichtet. Sie war mit modernen Geräten wie einem 20-Zentimeter-Linsenfernrohr und einem Meridiankreis mit 77-Millimeter-Fernrohr ausgestattet.

Heute steht vor der Universitätssternwarte noch ein kleines Observatorium, das der 1909 gegründete astronomische Verein „Urania" erbaut hat und noch heute zu öffentlichen Beobachtungen einlädt. Die inzwischen prachtvollen Gartenanlagen gewähren nicht mehr den Blick zum Engelplatz.

Blick vom Landgrafen

Aus einer Serie von Panoramafotos aus dem Jahre 1897 zeigt dieser Teil den Blick vom Landgrafen über das Stadtzentrum in Richtung Leuchtenburg. Die Stadt beginnt, sich langsam in die ehemaligen Vorstädte und an die Berghänge auszudehnen. Im Vordergrund

dominieren die drei 1879 errichteten Gebäude der Landesirrenanstalt, dahinter ist das große Areal des Johannisfriedhofs mit der Garnisonkirche (heute Friedenskirche) zu erkennen. 1938 musste ein Teil entfernt werden, um den Bau der Fernverkehrsstraße nach Weimar zu ermöglichen (heute Straße des 17. Juni). Am linken Bildrand sind die ersten Villen am Philosophenweg zu sehen, die Mensa stellten die Architekten Ernst Neufert und Otto Bartning erst 1930 fertig.

Die Häuserzeile am Fürstengraben ist weitgehend unverändert geblieben, an der Stelle des 1858 eingeweihten und 1945 zerstörten Gebäudes der Universitätsbibliothek befindet sich jetzt der 2001 fertiggestellte Neubau.

Erfurter Tor

Der Fotograf Otto Haack stand um 1898 in der noch nicht bebauten und ungepflasterten Kaiser-Wilhelm-Straße (heute August-Bebel-Straße), als er das Pferdefuhrwerk, das von der Erfurter Straße in Richtung Johannistor fuhr, auf die Glasplatte bannte. Die ersten beiden Gebäude am Eingang in die Wagnergasse waren links das Torhaus des bereits 1668 abgetragenen Erfurter Tores und rechts das Kanold'sche Haus.

Beide Gebäude wurden 1910 abgerissen, um Neubauten Platz zu machen, die Straße wurde gepflastert und mit Schienen für die Trambahn in Richtung Papiermühle versehen. Es entstand links das Hotel „Kaiserhof" und rechts die Höhere Mädchenschule, das Lyzeum. Der „Kaiserhof" erfuhr noch mehrfache Umbaumaßnahmen und unterschiedliche Nutzungen. In den 1980er-Jahren zogen hier mehrere Arztpraxen ein, derzeit beherbergt das Eckhaus unterschiedliche Vereine und Selbsthilfegruppen. Aus dem Lyzeum wurde nach dem Zweiten Weltkrieg zuerst die Erweiterte Oberschule (EOS), später eine normale Polytechnische Oberschule (POS). Seit der Wende lernen hier Kinder ab der 5. Klasse in einer Gesamtschule mit gymnasialer Oberstufe.

Camsdorfer Brücke

Die Camsdorfer Brücke, hier auf einem Foto aus dem Jahr 1904 zu sehen, nahm Carl Kohn von der „Grünen Tanne“ aus auf. Sie gehört zu den „Sieben Wundern“ Jenas. Die 1304 zerstörten Hausbergburgen lieferten um 1480 das Baumaterial für einen wichtigen Übergang über die Saale, der die Stadt mit den kleinen Orten Camsdorf und Wenigenjena verband. Die Steinbrücke gehörte zu den größten Brücken auf deutschem Territorium und war ein Teil der Handelsstraße von Erfurt nach Altenburg und Leipzig. Neun Bögen spannten sich über das Wasser, hoch genug, um von den Frühjahrsfluten nicht überspült zu werden. Mehrfach

wurden Teile der Brücke seit ihrer Erbauung zerstört, erstmals von den schwedischen Truppen im Dreißigjährigen Krieg 1637.

Da die Brücke während der Industrialisierung dem Verkehr in der schnell wachsenden Stadt nicht mehr gerecht werden konnte, wurde sie 1912 abgetragen und ein Jahr später durch eine moderne Brücke ersetzt, über die auch eine Straßenbahnlinie führte. Im April 1945 sprengten deutsche Pioniere die Brücke. Als erstes wiederaufgebautes Bauwerk konnte sie bereits am 13. Juli 1946 dem Verkehr übergeben werden. 2005 musste die Brücke komplett saniert werden, die nun mit einer zweispurigen Straßenbahntrasse und Radstreifen versehen ist. Ragt auf dem Foto von 1904 die Stadtkirche über die Häuser am Unteren Löbdergraben, so dominiert 2013 der Jentower das Stadtzentrum.

Schloss und Universität

An der Stelle des heutigen Universitätshauptgebäudes, das zum 350. Universitätsjubiläum im Jahr 1908 eingeweiht wurde, stand bis 1905 das Jenaer Schloss. Der Gebäudekomplex diente u.a. als Quartier der Herzöge des Hauses Sachsen-Weimar, vor allem den jungen Prinzen, wenn sie an der Alma Mater studierten. Hier übernachtete aber auch mehrfach Johann Wolfgang Goethe während seiner Besuche in Jena, das Schloss fungierte als Lazarett nach den Schlachten bei Jena und Auerstedt 1806 und bot später Raum für mehrere universitäre Sammlungen. Nur in der kurzen Zeit von 1662

bis 1690 diente es als Residenz der Herzöge von Sachsen-Jena, in diesen Jahren wurde das Gebäude grundlegend umgebaut.

Das Foto aus dem Jahr 1904 zeigt den Innenhof mit dem 1570 errichteten Johann-Wilhelmer-Bau, das 1659 errichtete Wilhelmerschloss und die Hofküche. Da der Gebäudekomplex zu Beginn des 20. Jahrhunderts einen schlechten Zustand aufwies und für die Platzprobleme der Universität ein neues Gebäude dringend erforderlich war, wurden die Schlossgebäude abgerissen. Zuvor hatte Josef Kerlé 1905 alle Gebäude fotografiert. Den Neubau der Universität plante der Architekt Theodor Fischer, auf etwa 7.500 Quadratmetern entstand ein Zweckbau mit über 300 Räumen und 2 Innenhöfen, in dem einige Architekturteile des Schlosses integriert sind. Im großen Innenhof wurde ein Brunnen (Bismarckbrunnen) aufgestellt, der mit dem Dach des Schlossturmes bekrönt ist. Im Sommer wird er von der Cafeteria und für Theateraufführungen genutzt.

Frommansches Haus

Das Frommansche Anwesen am Fürstengraben gehört zu den Gebäuden Jenas mit einer sehr wechselvollen Geschichte. Professoren wie der Theologe Johann Major im 17. Jahrhundert, die begüterte Kaufmannsfamilie Pfündel im 18. Jahrhundert und der Verleger Carl Friedrich Ernst Frommann bewohnten das Ensemble. Johann Wolfgang Goethe verkehrte

wie viele andere Dichter, Künstler und Gelehrte von 1789 bis 1830 mit Frommannn, sein Ausspruch „Ich habe dort schöne Abende verlebt" prangt noch heute über der Eingangstür. In den Tagen der Schlachten von Jena und Auerstedt im Oktober 1806 fanden hier zahlreiche Jenaer Familien Zuflucht, aber auch über 75 Franzosen mussten bewirtet werden. Seit 1834 lernten und wohnten hier die Schüler von Gustav Zenkers Knabeninstitut, nach dessen Tod ging es in den Besitz des Theologen Adolf Hilgenfeld über. Das Foto aus dem Jahr 1905 zeigt den Blick vom Fürstengraben auf das Eingangstor, neben dem der Schaukasten des Heimann'schen Antiquariats zu sehen ist.

1995 übernahm die Universität die Gebäude, nach umfangreichen Sanierungsarbeiten zogen mehrere Institute und die Kustodie der Alma Mater ein. Auch der Pavillon rechts ist bis heute erhalten. Auf dem Foto von 2013 ist links im Hintergrund der Neubau der Thüringischen Landes- und Universitätsbibliothek erkennbar.

Johannisplatz mit Bachstraße

Vom Johannistor aus führen die Bachstraße und die Wagnergasse aus der Stadt heraus und auf die Straße nach Weimar und Erfurt. Hier siedelten deshalb vor allem Gewerke wie Schlosser und Stellmacher, die Zubehör für die Pferdefuhrwerke und Kutschen herstellten

und reparierten. In der Mitte der Fotografie von Gustav Kerp aus dem Jahr 1906 preist der Drechsler Georg Wolf neben der Eingangstür zur Werkstatt „Reparaturen aller Art“ an. Er hat sich auch auf die Bedürfnisse der damaligen Studenten spezialisiert und verkauft Spazierstöcke, Tabakpfeifen und Zigarettenspitzen.

Ab 1901 fuhr die Straßenbahn der Linie 3 in Richtung Mühltal bis zur Papiermühle hier vorbei, bis vor kurzem lagen an dieser Stelle die alten Gleise der inzwischen lange eingestellten Linie. Das Haus wurde 1908 abgerissen und Wolf ließ einen Neubau mit Läden und Wohnungen errichten, dessen Fassade bis heute zu sehen ist. Seit den 1990er-Jahren beginnt dort die Jenaer Kneipenmeile mit dem „Irish Pub“ und dem Café „Boheme“. Der ehemalige Rasen bietet eine Freifläche für die beiden Gaststätten, die sich über mangelnde Besucher nicht beklagen müssen.

Westliche Johannisstraße

Die Johannisstraße ist seit der Stadtentstehung die bedeutendste und belebteste Straße der Innenstadt. Sie führt vom Johannistor bis zum Kreuz bzw. Kirchplatz mit der Stadtkirche „St. Michael“. Seit jeher wird sie auch für Umzüge genutzt, wie auf dem Bild des Fotografen Gustav Kerp aus dem Jahr 1908. Bei einem „Studentenauszug“ laufen diese, zum Teil verkleidet, an den zuschauenden und belustigten Bürgern vorbei.

Noch heute ist in der Johannisstraße eine Vielzahl von Geschäften und gastronomischen Einrichtungen angesiedelt, das damalige Tapetengeschäft beherbergt nun einen Optiker. Die linke Straßenseite ist baulich stark verändert. Am Ende des Zweiten Weltkrieges, im März 1945, wurde durch Bombenabwürfe ein Teil der Gebäude beschädigt, der Rest für den Bau des Turmes 1969 abgerissen. An der Stelle des damaligen Eichplatzes, der sich fast bis zum Johannistor erstreckte, steht heute die „Neue Mitte", aus der der Jentower in die Höhe ragt. Im Hintergrund der Aufnahme vom Sommer 2013 ist das 1959 errichtete Zeiss-Forschungshochhaus „Bau 59" zu erkennen.

Marienstraße

Da die Einwohnerzahl wegen der expandierenden Industrie im letzten Drittel des 19. Jahrhunderts sprunghaft anstieg, war es dringend notwendig, neuen Wohnraum zu schaffen. Neben Villenvierteln wurden vor allem großzügige Mietshäuser errichtet, die vor der ehemals ummauerten Stadt als neue Quartiere wuchsen. Auf dem Foto von Albert Helfrich vom 1. August 1908 ist die Kutsche mit dem Erbgroßherzog Wilhelm Ernst von

Sachsen-Weimar-Eisenach während seines Besuches zu den Feierlichkeiten des 350. Universitätsjubiläums zu sehen. Sie überquert gerade die Marienstraße. Der Straßenzug vor dem Prinzessinnengarten war zu diesem Zeitpunkt noch nicht vollständig bebaut. Der Straßenname erinnert an Maria Pawlowna von Sachsen-Weimar, die 1818 den gegenüberliegenden Griesbachschen Garten mit Haus erwarb.

1952 wurde die Straße zur Stalinstraße, 1961 erhielt sie den Namen „Am Planetarium“. Seit 1926 steht der Häuserzeile auch das Planetarium gegenüber. Der Blick auf den Botanischen Garten und Griesbachgarten lohnt auch heute die stolzen Mietpreise der sanierten Wohnungen. Das Griesbach'sche Gartenhaus nutzt die Universität, hier sitzt das Imre-Kertész-Kolleg „Europas Osten im 20. Jahrhundert“.

Timler-Pasage

Ein Stück der südlichen Oberlauengasse gehörte vor über 100 Jahren zu einer attraktiven innerstädtischen Erweiterung. Durch die Expansion der Stadt Ende des 19. Jahrhunderts waren neue Wege, Straßen und Durchgänge nötig. Deshalb wurden noch existierende

mittelalterliche Bebauungen wie Tore und Teile der Stadtmauer entfernt. So auch am südlichen Löbdergraben in der Nähe des Roten Turmes, dadurch erhielt die Oberlauengasse als neuen „Stadtausgang“ den Zugang zum Löbdergraben. Um die beiden Geschäftshäuser Unterm Markt aber verbunden zu lassen, errichtete der Jenaer Architekt Carl Timler 1883 den bis heute existierenden Durchgang, der nach ihm benannt ist.

Auf dem Foto von 1908 ist links Ernst Wellers Buchhandlung zu erkennen, Eduard Otto führte daneben ein Drahtwarengeschäft. Heute machen die beschmierten Mauern an der Baulücke auf der rechten Seite und die oft wechselnden Geschäfte gegenüber diesen Teil der Gasse zu einer der Stellen in der Innenstadt, die Passanten am wenigsten frequentieren.

Steinweg

Der Steinweg führt von der Saalstraße in Richtung Camsdorfer Brücke und war im Mittelalter ein wichtiger Handelsweg. In dieser ehemaligen Vorstadt, die am 1834 abgerissenen Saaltor begann, floss die Lache und trieb mehrere Mühlen an. Jedoch hatte dieses Gebiet auch häufig unter Hochwasser zu leiden, wie auf dem Foto von Carl Kohn im Februar

1909. Die Saale und die Lache traten über die Ufer und nicht nur Wasser, sondern auch Eisschollen trieben durch die Straßen. Für die Bewohner, die vielen Läden, Werkstätten und Kneipen mussten Behelfsstege errichtet werden. In der Bildmitte sind der Eingang in die Saalstraße und der Stadtkirchturm zu erkennen. Die Häuser im Steinweg wurden während einer großen Baumaßnahme im Jahr 1938 abgerissen und der Arm der Lache zugeschüttet. Eine Bebauung in einheitlichem Stil auf der linken Straßenseite nahm die Jenaer Gemeinnützige Wohnungsfürsorge AG (WOFAG) vor und die Straße wurde verbreitert.

Zu den schönen Straßen zählt der Steinweg aufgrund der Baulücken und der wenigen Geschäfte auch heute nicht. Frequentiert wird er hauptsächlich wegen des Nahverkehrs, der die Jenaer vom Stadtzentrum nach Jena-Ost und zum Schlegelsberg bringt.

Universitätsbibliothek

Eine wechselvolle Geschichte weist die Jenaer Universitätsbibliothek auf. Ursprünglich im Collegium Jenense am Teichgraben untergebracht, wachsen bis heute nicht nur ihre Bestände, sondern auch die Ansprüche an die Benutzung. Mitte des 19. Jahrhunderts wurde es unumgänglich, ein eigenes Gebäude für die Bücher zu errichten. Als Platz bot sich das Gelände über dem Fürstenkeller am Fürstengraben an. Mit dem Entwurf wurde der Weimarer Architekt

Carl Heinrich Ferdinand Streichhan beauftragt, der von 1855 bis 1858 den repräsentativen Zweckbau errichtete. Die Fassade war oberitalienischen Bauten der Frührenaissance nachempfunden. Zum 300. Universitätsjubiläum im August 1858 konnte die Bibliothek feierlich eröffnet werden. Doch auch dieses Gebäude fiel Ende des Zweiten Weltkrieges, am 9. Februar 1945, der Bombardierung der Stadt zum Opfer.

Während der DDR-Zeit befand sich hier eine Bibliotheksbaracke für die Lehrmittelsammlung, die im Dezember 1998 abgerissen wurde, um dem Neubau der Thüringer Universitäts- und Landesbibliothek Platz zu machen. Nach dem Sieg bei einem internationalen Architektenwettbewerb im Jahr 1995 errichtete das Stuttgarter Büro Heckmann, Kristel und Jung den modernen Zweckbau an gleicher Stelle. Nach dem mehr als fünf Jahrzehnte währenden Provisorium können die Leser seit Dezember 2001 den wieder zusammengeführten Bestand der Geisteswissenschaften nutzen.

Malerwinkel

Der Schulplatz und die Turmgasse wurden 1886 nach dem Beschluss des Gemeinderates zu einer Straße zusammengelegt, die nach ihrer Lage den Namen „Hinter der Kirche“ erhielt. Hier befanden sich die Häuser der Stadtschule sowie das als „Malerwinkel“ bezeichnete Gebäudeensemble zur Schlossgasse hin, das in der Mitte des Fotos aus dem Jahr 1908 zu erkennen ist. Oft wohnte hier der jeweilige Rektor der Stadtschule.

Das Stadtmuseum richtete in diesem historischen Gebäudeensemble, zu dem auch das letzte Jenaer Weinbauerngehöft zählte, 1929 die volkskundliche Außenstelle „Siedelhof" ein.

Der gotische Ständerbau mit Renaissanceportal ist nur mit der Stirnseite mit dem Erker zu erkennen. Am rechten Bildrand ist im Hintergrund der noch eingerüstete Universitätsneubau zu sehen, davor die Rückseite des Gasthauses „Herzog Bernhard" an der Schlossgasse. Bis auf das Haus am linken Rand, heute mit der Adresse Hinter der Kirche 7, wurden alle Gebäude 1945 zerstört. Derzeit befindet sich der gut frequentierte Parkplatz Schlossgasse auf diesem Areal, ein romantischer Malerwinkel ist er jedoch nicht mehr.

Am 5. Februar 1909 erreichte eines der vielen Saalehochwasser Jena und auch das Große und Kleine Paradies waren bereits abends überflutet. Tags darauf sank der Wasserpegel, zurück blieben mächtige Eisschollen, die sich entlang der Uferzone türmten und

teilweise bis über einen Meter übereinanderschoben. Diesen Zustand zeigt das Foto von Gustav Kerp, der das gerade neu errichtete Volksbad an diesem Tag ablichtete. Ab 1907 war an dieser Stelle die Badeanstalt gebaut worden, die mit Hallen-, Wannen- und Brausebädern ausgestattet worden war. Ein 1906 gegründeter Verein zur Förderung eines Volksbades hatte finanzielle Mittel eingeworben, um auf diesem städtischen Grundstück in der Nähe des Paradiesbahnhofes den Zweckbau in historisierender Formensprache errichten zu lassen.

Heute befinden sich im Volksbad Veranstaltungsräume und der Verwaltungssitz des städtischen Eigenbetriebes JenaKultur, in dem seit 2005 alle Kultureinrichtungen der Stadt zusammengeführt sind.

...bäckerei,
...itorei & Café.
Hof-
&
Raths-Apotheke.

Die Hof- und Ratsapotheke war das repräsentativste Gebäude am Kreuz, der Jurist Matthias Coler hatte es 1576 erbauen lassen. Hier stießen mehrere Straßen aufeinander – die Johannisstraße, die Leutrastraße, die Weigelstraße, der Kirchplatz, der Markt und die Saalstraße. Seit dem 19. März 1945 existiert dieser Platz nicht mehr, die Überreste der Bombenabwürfe wurden in den folgenden Jahren enttrümmert. Die Apotheke bediente ab 1864 ihre Kunden, in den oberen Stockwerken wohnten oft namhafte Universitätsprofessoren. Der bedeutendste unter ihnen war der Altphilologe Karl Heinrich Abraham Eichstädt. Er leitete nicht nur die Universitätsbibliothek, sondern gründete 1803 auch die „Jenaische Allgemeine Literatur-Zeitung". Links neben der Apotheke schließt sich das Gebäude der Hofbäckerei und Konditorei Grellmann an, die auch „Grellmannei" genannt wird. Am rechten Bildrand überragt das 1900 fertiggestellte neue Stadthaus mit seinem runden Turmaufbau die Ratsapotheke.

Heute dominiert der Blick auf den Jentower das Bild. An der Stelle des Stadthauses befindet sich ein 1960 errichteter Gebäudekomplex mit Wohnungen und Geschäften, der heute mit einer blauen Fassade versehen ist. Im zur gleichen Zeit gebauten gelben Haus, auf dem Platz des ehemaligen Burgkellers, bieten eine Apotheke und eine Nachtbar ihre Dienstleistungen an.

Johannisplatz

Ein bis heute gern fotografiertes Motiv ist der Blick auf den Johannisplatz mit dem heute einzigen erhaltenen Stadttor, dem 1304 fertiggestellten Johannistor. Es war nicht nur für die Verteidigung der Stadt von Bedeutung, sondern auch für den Handel und Verkehr. Hier wurden alle Wagen und Personen auf der Ost-West-Handelsachse kontrolliert. Verschiedene Handwerke siedelten sich in seinem Schutz an, von Bedeutung war vor allem das Born- bzw. Brunnenhaus an der Ecke zum Johannisplatz, heute die „Jenaer Bücherstube“. Denn seit dem 16. Jahrhundert besaß Jena eine hölzerne Trinkwasserleitung, die über 40 Brunnen in der Stadt versorgte. Zwei Leitungen aus dem Quellgebiet im Mühltal führten zum Brunnenhaus, von dem aus das Wasser in die verschiedenen hölzernen Rohrleitungen eingespeist wurde. Zweimal pro Woche ließ man das Wasser von hier aus durch die leicht abschüssigen Straßen fließen, um sie zu reinigen.

Mit dem Bau der Tiefkanalisation war das nicht mehr nötig, das Haus pachtete der Töpfer August Burkhardt. 1929 wurde es zu einer Buchhandlung umgebaut, deren anthroposophische Einrichtung bis heute existiert. Gustav Kerps Bild aus dem Jahr 1909 zeigt eine deutlich geringere Verkehrsdichte, als heute am Johannisplatz herrscht.

Humboldt-Haus

1909 fotografierte Gustav Kerp ebenfalls den Marstall im Gutshof Wenigenjena. Er gehörte neben den Freigütern Unter-Camsdorf und Ober-Camsdorf zu den drei Gütern, die in dem kleinen Jenaer Vorort existierten. Er befindet sich in unmittelbarer Nähe zur Ortskirche, in der 1790 Friedrich Schiller heiratete. 1909 wurde der Vorort nach Jena eingemeindet und wird seitdem häufig auch als „Jena-Ost" bezeichnet.

Heute gehört das Gebäude der Friedrich-Schiller-Universität, die es zu einem Internationalen Begegnungszentrum umgebaut hat. Im Humboldt-Haus in der Charlottenstraße 23, das mit kleingliedrigen Neubauten ergänzt wurde, bestehen 27 komplett eingerichtete Wohnungen, die vor allem ausländischen Gastwissenschaftlern und ihren Familien zur Verfügung stehen. Der großzügige Garten mit Kinderspielplatz und die schnelle Anbindung sowohl an Jenas Innenstadt als auch an die naturnahe Umgebung mit dem Jenzig und der Saale ließen den Komplex zu einer gefragten Adresse werden.

Grete-Unrein-Schule

Am Ausgang der Wagnergasse fotografierte Gustav Kerp im Frühling 1910 das Kanold'sche Haus. Kurz darauf wurde das Anwesen in der damaligen Kaiser-Wilhelm-Straße mit dem großen Garten hinter dem Gebäude abgerissen, um einem Schulneubau Platz zu

machen. Am 16. April 1912 konnte das Städtische Lyzeum, eine Höhere Mädchenschule, festlich eröffnet werden. Damit war es auch Mädchen in Jena möglich, das Abitur abzulegen, um danach ein Studium aufnehmen zu können. Vor allem Grete Unrein, Ernst Abbes Tochter, hatte sich für die Schaffung der Schule eingesetzt.

Nach dem Ende des Zweiten Weltkrieges nahm im Oktober 1945 die Schule vorerst in mehreren aufeinanderfolgenden Schulformen in der neu benannten August-Bebel-Straße wieder den Lehrbetrieb auf. 1948 wurde ihr der Name „Grete-Unrein-Schule“ verliehen. Nach der Wende erstritt das Lehrerkollegium den Status eines Schulversuches in Form einer Gesamtschule mit gymnasialer Oberstufe, in der alle Kinder so lange wie möglich gemeinsam lernen können. Eine umfassende Sanierung, in der nicht nur alle Innenräume modernisiert wurden, sondern auch eine Mensa und ein großzügiger Außen- und Sportbereich entstanden sind, konnte 2010 abgeschlossen werden.

Accouchierhaus

Fast die ganze Westseite des Fürstengrabens ist fest in der Hand der Universität, in den vergangenen Jahrhunderten kam ein Gebäude nach dem anderen in ihren Besitz. Seit dem Abschluss der Sanierung im Jahr 2003 leuchtet mit seiner roten Fassade

das Accouchierhaus am Eingang zur Jenergasse vor den Rosensälen und dem Pulverturm hervor. Den Namen erhielt es von seiner Funktion, im Französischen bedeutet accouché Geburt. Darin war von 1779 bis 1830 die erste Entbindungsanstalt in Jena untergebracht, in der die Medizinprofessoren Justus Christian Loder und Johann Christian Stark auch die Hebammen des Herzogtums Sachsen-Weimar-Eisenach ausbildeten. Auf dem Foto aus dem Jahr 1910 ist noch das angrenzende Gebäude der Rosensäle zu erkennen. Hier fanden im 19. Jahrhundert akademische Konzerte, die „Rosenvorlesungen", Tagungen und Ausstellungen statt. In der DDR-Zeit befand sich hier der Lesesaal der Universitätsbibliothek.

Aufwendig saniert, bietet sich das Gebäude heute mit modernen Veranstaltungsräumen für Kongresse und Tagungen an.

Abbe-Denkmal

Auf dem Carl-Zeiß-Platz steht das ungewöhnlichste Denkmal der Stadt. Nach dem Tod von Ernst Abbe 1905 gründete sich ein Komitee zur Errichtung eines Denkmals, das Spenden sammelte und sich nach vielen Diskussionen auf den Entwurf einer Gedenkhalle einigte, die der damals in Weimar lebende Henry van de Velde anfertigte. Im Inneren sind um eine Plastik (Herme) Abbes von Max Klinger vier Reliefs mit Darstellungen zum Thema Arbeit von Constantin Meunier angebracht. Das Foto entstand zur feierlichen Einweihung am 30. Juli 1911. Im Hintergrund ist das 1895 im neugotischen Stil errichtete Verwaltungsgebäude der Firma Carl Zeiss und der „Bau 10“ mit der Kuppel der Werkssternwarte auf dem Dach zu erkennen.

An der Stelle des Verwaltungsgebäudes ragt bis heute der Hochhausbau des Siemens-Architekten Hans Hertlein mit 15 Etagen auf, der 1937 fertiggestellt wurde. Er beherbergt den Sitz der Jenoptik AG und steht zwischen dem neu errichteten Zentrum für ambulante Medizin und dem Hotel „Esplanade".

Gymnasium

Noch in der Mitte des 19. Jahrhunderts war Jena die einzige deutsche Universitätsstadt ohne ein eigenes Gymnasium. Erst 1876 eröffnete die erste Schule, die Jungen bis zur Hochschulreife führte, in der Schillerstraße. Sie erhielt den Namen „Carolo Alexandrinum“ nach dem damals regierenden Großherzog Karl Alexander von Sachsen-Weimar-Eisenach. Nach drei Jahrzehnten wurde das Haus jedoch abgerissen, um der Erweiterung des

Zeiss-Werkes Platz zu machen. Die Gymnasiasten erhielten eine neue und größere Schule am Steiger, die 1915 fertiggestellt war. Das Foto aus diesem Jahr zeigt noch die ungepflasterte Straße mit der Neuanpflanzung der Bäume.

1945 wurde bei einem Bombenangriff der Westflügel zerstört, in dem sich die Aula befand. Das Gebäude erfuhr bald eine Umnutzung zur medizinischen Einrichtung, es diente ab 1950 als Tuberkuloseklinik. 14 Jahre später zog die Urologische Klinik ein, für diese wurde nach der Wende der Westflügel wieder angebaut. Heute zählt die Urologie u.a. zu den Spezialkliniken für Prostatakarzinome.

Brüderhospital

Zwischen Saaltor und Lache am Löbdergraben, an einer der Hauptverkehrsachsen Jenas, richtete die Stadt im Jahr 1354 das Spital „St. Nicolaus“ ein. Bis dahin existierte bereits eine solche Einrichtung zur Pflege kranker und gebrechlicher Einwohner vor dem Johannistor. Das Brüderhospital, das man auch als „Männerspittel“ bezeichnete, nahm ausschließlich männliche Insassen auf und besaß eine Kapelle mit Altar. Im Mittelalter wurde es überwiegend durch Stiftungen und Schenkungen unterhalten. Es existierten in Jena auch noch ein Frauen- und ein Studentenspital, alle drei befanden sich wegen der Ansteckungsgefahr in den Vorstädten. Die Stadtgemeinde unterhielt das Männeraltenheim noch bis zu dessen Abriss im Dezember 1924, der marode Zustand des Hauses ist auf dem Foto von 1917 deutlich zu erkennen.

Heute erinnert nichts mehr an das Gebäude, das Areal zwischen Löbdergaben und Anger wird seit dem Abriss des Kaufhauses am Inselplatz derzeit nur als Parkplatz genutzt und wartet auf eine neue Bebauung, im Gespräch ist u.a. ein Rechenzentrum für die Universität.

Schrammei

Drei der fünf Wohnungen, in denen Friedrich Schiller sich während seiner Jenaer Jahre von 1789 bis 1799 niederließ, versanken am Ende des Zweiten Weltkrieges in Schutt und Asche. Eines der „Schillerhäuser“ war die Schrammei in der Jenergasse 26. Bei den

Schwestern Schramm zog Schiller am 11. Mai 1789 ein, bald folgte nach der Heirat seine Frau Charlotte. In dieser ersten Jenaer Wohnung blieben beide bis zum 6. April 1793. Hier schrieb Schiller große Teile der „Geschichte des Dreißigjährigen Krieges". Davon kündet die Gedenktafel in der Bildmitte auf dem Foto von 1920. Im Erdgeschoss des Hauses befand sich eine alteingesessene künstlerische Werkstatt, Adolf Giltsch betrieb hier wie bereits sein Vater eine Lithografische Anstalt. Diese fertigte vor allem für die naturwissenschaftlichen Publikationen der Universität Abbildungen, aber auch Stadtansichten und Andenkenblätter an. Links daneben ist der Eingang zu einem Molkereigeschäft zu erkennen, verkauft wurden Produkte aus dem nahe gelegenen Rittergut Drackendorf.

Zwar wurde die zerbombte Fläche zwischen der Weigelstraße und Jenergasse 1960 wieder bebaut, anstelle der Schrammei wurde aber eine kleine Grünanlage geschaffen.

Stadtmuseum
essler

Die Industrialisierung Jenas zog eine Modernisierung und Vergrößerung der Stadt am Ende des 19. Jahrhunderts nach sich und machte es nötig, auch am unteren Fürstengraben eine Verbindungsstraße nach Norden zu bauen. Gebäude wie das alte Stadthaus und das Weigel'sche Haus wurden deshalb abgerissen und es entstand die Weigelstraße, die von der unteren Johannisstraße zum Fürstengraben führt. Repräsentative Gebäude wie das neue Stadthaus, das sich von der Ecke Johannisstraße bis zum Eingang in die Jenergasse zog, wurden errichtet. Auf dem um 1925 entstandenen Foto fällt der Blick des Fotografen vom Fürstengraben auf das 1901 gegründete Stadtmuseum, das seit 1903 in den mittleren Etagen des neuen Stadthauses untergebracht war und seine Ausstellungen präsentierte.

Am 19. März 1945 zerbombt, steht seit 1960 an dessen Stelle das heute mit gelber Fassade versehene Wohn- und Geschäftshaus. Die Fassade des vorderen Gebäudes am Eingang in die Jenergasse wurde bauseitig stark reduziert, lediglich der Erker in der ersten Etage kündet noch von der einstigen Fensterfront.

„Herzog Bernard“

Der Parkplatz an der Schlossgasse im Jenaer Zentrum ist zwar bei Autofahrern sehr beliebt, doch nicht gerade ein städtebauliches Kleinod. Dieses Jahrzehnte währende Provisorium entstand am 19. März 1945, seit damals klafft hier eine durch Bombentreffer entstandene Baulücke. Dabei befand sich an dieser Stelle seit dem Ende des 17. Jahrhunderts ein repräsentatives barockes Gebäude, der Gasthof „Herzog Bernhard“. Seinen

Namen erhielt er nach dem von 1672 bis 1678 im gegenüberliegenden Schloss residierenden Herzog Bernhard von Sachsen-Jena. Selbst Johann Wolfgang Goethe übernachtete hier mehrmals, davon kündete eine der vielen, seit dem Universitätsjubiläum 1858 an den Häusern der Stadt angebrachten Gedenktafeln. Aber auch Studenten und Durchreisende sowie die Infanteristen der Jenaer Garnison hatten hier preiswerte Zimmer gefunden, bevor 1874 eine Kaserne errichtet wurde. Vielen Vereinen boten die großzügigen Gasträume ein Domizil.

Im Jahr 1926 wurde das gesamte Gebäude modernisiert und umgebaut, kurz nach der Fertigstellung entstand das Foto.

Zigarren
Zigarette

Am Engelplatz 9, neben dem Theater und vor der Post, hielt u.a. ein einzelnes Gebäude mitten auf der Straße der modernen Verkehrsführung stand. Das Foto von Hans Fischer vom 1. Juli 1928 zeigt das Gebäude, in dessen Erdgeschoss zwei Läden ihren Sitz hatten. Neben dem Zigarrengeschäft der Witwe Rosa Wachs betrieb Adolf Schmidt eine alteingesessene Kunst- und Antiquitätenhandlung, weshalb im Volksmund der Name „Kunstinsel" kursierte. Im Hintergrund ist auf dem Dach des 1902 fertiggestellten Postgebäudes der große Telegrafenturm zu erkennen. 1966 wurde die Kunstinsel abgerissen, da sie den wachsenden Verkehrsfluss störte.

Heute fällt der Blick des Fotografen ungestört auf die Jenaer Hauptpost. Seit 2005 ist der gesamte Gebäudekomplex modernisiert, im nun „Post-Carré" genannten Gebäudeensemble sind verschiedene Arztpraxen, eine Apotheke, eine Tanzschule und ein Küchenstudio ansässig.

Wein-
Frühstücks-
Stube
Preußische

An der Nordwest-Ecke des Marktplatzes stand bis März 1945 eine beliebte Jenaer Weinstube, das Foto nahm Hans Fischer am 12. August 1928 auf. Von 1755 bis 1904 bot die Apotheke „Mohrenschänke" in diesem Haus ihre Dienste an, deshalb befand sich über dem Eingang noch die Steinplastik eines Afrikaners mit Turban und rotem Umhang. Danach pachtete der Delikatessenhändler Max Wallner die untere Etage und richtete neben einem Ladengeschäft eine Weinstube ein. Auch neben dem Gebäude standen bei gutem Wetter Tische und Stühle, die einen hervorragenden Überblick über den gesamten Marktplatz boten und zu Beobachtungen einluden. Aus diesem Grund sprachen die Jenaer bald von der „Lästerecke". Von hier aus führte der Weg noch zum Kirchplatz bzw. zum Kreuz, der Blick fiel von den Tischen aus auch auf die Schaufenster des Kaufhauses Kramer gegenüber.

Seit 1997 ist die Ecke wieder bebaut, jetzt preist im Komplex der bunten „Papageienhäuser" ein Schuhgeschäft seine Waren an. Die Steinplastik konnte 1945 gerettet werden und gehört zum Inventar des Stadtmuseums.

Villa Stapff

Die großzügige Villa in der Schillerstraße 6 gehörte ursprünglich dem Rechtsanwalt Hermann Stapff. Dieser war wegen seiner Verdienste als Mitglied des Gemeinderates, als Mitbegründer des „Jenaer Volksblattes“ und wegen zahlreicher Tätigkeiten

in weiteren Vereinen 1920 zum Ehrenbürger der Stadt ernannt worden. Sein Haus übereignete Stapff der Carl-Zeiß-Stiftung, deshalb konnte hier die am 21. April 1921 gegründete Optikerschule ihren Unterricht aufnehmen. Auf dem Foto, das Hans Fischer am 28. April 1929 vor dem Abriss des Hauses aufnahm, war die Schule bereits in den Neubau des Optischen Museums umgezogen. Im Hintergrund ist schon der Neubau für die Firma Carl Zeiss zu erkennen, der sogenannte „Bau 29“, der nach Entwürfen des Architekten Emil Fahrenkamp errichtet wurde.

Bis heute dominiert dieser Industriebau die Straße, auch wenn inzwischen andere Nutzer eingezogen sind. Nun ist dieser Kopfbau der Goethe-Galerie Bestandteil eines Kaufhauses.

Anatomisches Institut

Hans Fischer fotografierte auch dieses geschichtsträchtige Gebäude am Teichgraben. Am 30. April 1929 stieg er dazu auf den gerade fertiggestellten „Bau 29“. Das Anatomische Institut gehört zu den ältesten Gebäuden der Universität im ehemaligen Collegium

Jenense und schloss an den südwestlichen Turm der mittelelterlichen Stadtbefestigung an. Von diesem Anatomieturm, der 1750 einen neuen Aufbau erhielt und als Auditorium für anatomische Vorlesungen genutzt wurde, sind nur noch die Grundmauern vorhanden.

Heute befindet sich im Anatomischen Institut neben den Präpariersälen und medizinischen Unterrichtsräumen auch ein Museum mit einer Lehrsammlung von Modellen und menschlichen Präparaten im „Museum Anatomicum“. Am linken Rand des historischen Fotos ist das 1908 errichtete Mineralogische Institut zu erkennen, es wurde am 9. April 1945 zerstört. An seiner Stelle befindet sich der mit einer roten Fassade versehene Neubau „Theoreticum“ aus dem Jahr 2001, das ein Forschungszentrum für das Klinikum der Medizinischen Fakultät beherbergt.

Kaffeemühle

Bei einem seiner Rundgänge durch Jena mit der Plattenkamera nahm Hans Fischer am 29. Mai 1929 auch das im Volksmund wegen seines rechteckigen Grundrisses als „Kaffeemühle" bezeichnete Gebäude auf. Es handelt sich um das ehemalige Torhaus des Collegium Jenense am Ende des Nonnenplans/Ecke Kollegiengasse. Wenn auch das

Aussehen des Aufbaus heute stark verändert ist, so kann man heute noch durch die erhaltene Toreinfahrt in den Innenhof des Collegiums gelangen. Den Besucher erwartet hier einer der wenigen historisch erhaltenen Plätze der Stadt. Links neben dem Torhaus schloss sich das Gebäude des Juristischen und Staatswissenschaftlichen Seminars an.

Wegen der starken Beschädigungen am 19. März 1945 plante das Entwurfsbüro für Industriebau die Bebauung des Areals in den 1950er-Jahren neu. Seit 1957 sind vor allem die Biochemischen und Biopathologischen Institute hier ansässig. Im Hintergrund ist noch heute die halbrunde Kuppel des ehemaligen Zeiss-Hauptwerkes in der Schillerstraße zu erkennen, das in einer modernen Stahlbetonkonstruktion errichtet wurde, rechts daneben der modernisierte „Bau 59“.

Fotostudio

Ein in seiner äußeren Form fast unverändertes Fotografenatelier erblickt man noch heute südlich des Pulverturms. Jahrzehntelang, von 1879 bis in die 1950er-Jahre, wohnten und arbeiteten drei Generationen der Familie Bischoff am Johannisplatz 25. Bernhard Bischoff

begründete das kleine Unternehmen, er war bereits ab 1869 als Fotograf tätig. Nur in den Jahren von 1900 bis 1905 war es an Georg Plühr verpachtet. Von 1906 bis 1942 fertigte der Sohn Alfred Bischoff eine Vielzahl von Aufnahmen im Atelier, war aber auch bei allen wichtigen Ereignissen in der Stadt mit der Kamera zur Stelle. Ihn kann man deshalb als den ersten Fotoreporter Jenas bezeichnen. Charlotte Bischoff trat danach in dessen Fußstapfen.

Der Fotograf Hans Fischer sah am 27. Juli 1929 vom Heinrichsberg in Richtung Johannistor zum Geschäft der Bischoffs. Der verglaste Anbau wurde später verändert. Nun ragt der Jentower hinter dem Haus in die Höhe. Das Fotostudio Gebhardt zählt auch heute noch zu den renommierten Ateliers der Stadt.

Schillerkirche

Das bekannteste Bauwerk in Jena-Ost ist die Kirche „Unserer lieben Frau“, die 1557 nach einer langen Bauzeit mit vielen Unterbrechungen fertiggebaut war. Jedoch ist sie unter einem anderen Namen in die Geschichte eingegangen, die Jenaer bezeichnen sie als Schillerkirche. Am 22. Februar 1790 traute der Theologe Carl Christian Erhard Schmid den damals bereits berühmten Dichter Friedrich Schiller mit Charlotte von Lengefeld. Gerade

die Abgeschiedenheit des Ortes dürfte ausschlaggebend für die Wahl der Hochzeitszeremonie gewesen sein, es waren nur Charlottes Schwester und Mutter zugegen. Mit der Schiller-Verehrung seit dem 19. Jahrhundert rückte die Kirche ins Blickfeld der Öffentlichkeit. Heute ist sie nach wie vor ein beliebter Ort für Trauungen.

Hans Fischers Aufnahme vom 25. Januar 1930 zeigt den Blick auf die Kirche von der Charlottenstraße aus, am rechten Bildrand ist das Pfarrhaus zu erkennen. Heute sind alle Gebäude renoviert und erstrahlen in gepflegtem Glanz.

Marstall

Der Blick in die Bachstraße stadteinwärts zeigt ein Gebäude, das der Stadtgemeinde Jena gehörte. Neben Wohnungen für städtische Bedienstete war hier der Marstall untergebracht, so erklärt sich auch der ummauerte freie Platz vor dem Haus, auf dem die Pferde etwas

Auslauf hatten. Als Hans Fischer am 30. März 1930 die Häuserzeile ablichtete, benötigte die Stadt jedoch schon lange keine Pferde mehr. Das Grundstück grenzt an das Angergässchen. Dessen Bezeichnung besteht bereits über viele Jahrhunderte, die schmale Gasse am Hof der heutigen Grete-Unrein-Schule war der Anger der ehemaligen Johannisvorstadt.

Gegenüber dem Marstallgebäude, in dessen Erdgeschoss heute ein Zeitungsgeschäft seinen Sitz hat, befindet sich der Eingang zum Universitätsklinikum mit der Frauen- und Augenklinik. Im Jahr 2000 wurde ein Bauantrag für ein neues Wohnhaus gestellt, das vor dem ehemaligen Marstall errichtet worden ist und dessen Fassade in oranger Farbe die Bachstraße belebt.

Tengelmann
Friedrich Bachstein.
OTTO UNGER

Hinter dem Rathaus stand bis zum 19. März 1945 eines der repräsentativsten und geschichtsträchtigsten Gebäude der Stadt. Der Jenaer Kaufmann Jacob Pfündel d.Ä. ließ es Anfang des 18. Jahrhunderts errichten, die Rokokofassaden wurden mit Ornamentfeldern verziert, von denen jedes andere Formen aufwies. Das Erdgeschoss war zweckmäßig mit großen Geschäftsräumen ausgestattet. Später ging das Haus in den Besitz des Kaufmanns Friedrich Bachstein über, seitdem bezeichnen die Jenaer das Gebäude als Bachstein'sches Haus. Hier wohnten im Laufe der Zeit mehrere namhafte Jenaer Persönlichkeiten, u.a. der Botaniker August Johann Georg Karl Batsch. Deshalb begegneten sich hier Goethe und Schiller am 20. Juli 1794 zu einer Sitzung der Naturforschenden Gesellschaft und mit einem intensiven Gespräch über die Metamorphose der Pflanzen nahm der von Goethe später als „glückliches Ereignis" bezeichnete Freundschaftsbund seinen Anfang. Der Fotograf Hans Fischer kam am 30. April 1930 mit seiner Kamera am Haus vorbei, im Erdgeschoss befand sich damals das Herrenmodengeschäft von Otto Unger. Mehrmals waren die Ladeneinbauten verändert worden, zuletzt im Jahr 1925.

Heute gehört das Grundstück zum Parkplatz Rathausgasse.

Holzmarkt

Der Holzmarkt, früher vor der Stadtmauer in der Löbdervorstadt gelegen, verbindet bis heute mehrere Straßen. Die Nähe zum Floßplatz an der Saale prädestinierte diese Fläche ab 1564 für den Handel mit Holz, Markttage waren Dienstag und Samstag. Mehrere

Gasthäuser siedelten sich an diesem belebten Platz an. Auf Hans Fischers Foto vom 26. Mai 1930 sind neben dem Hotel „Deutsches Haus“ am linken Bildrand noch mehrere kleine Gebäude zu erkennen, in denen eine Darmhandlung, ein Fleischer sowie ein Gemüsegeschäft ihre Waren feilboten. Im Hotel befand sich schon ein kleines Filmtheater, der „Regina-Palast“.

Im Jahre 1931 wurde das Gebäude abgerissen, um einem gleichnamigen Neubau zu weichen. In diesem lud ein großes Kino 1.140 Zuschauer zum Filmgenuss ein. In den 1950er-Jahren saß in dem Haus die SED-Kreisleitung Jena, 1962 wurde das Gebäude zum „Interhotel“ umgebaut, in dem sich auch der „Intershop“ befand. Nach der politischen Wende zog nach einem weiteren grundlegenden Umbau, weshalb auch die Häuser neben dem Hotel abgerissen wurden, ein modernes „CineStar“-Kino mit acht Kinosälen in die neue Holzmarktpassage ein.

Johannisstraße

Das Foto aus dem Jahr 1930 zeigt die bis heute beliebteste Fußgängerpromenade der Stadt, die Johannisstraße, von der Höhe Eichplatz aus in Richtung Stadtkirche. Früher hieß sie Johannisgasse, 1874 wurde sie umbenannt. Das Gebäude am rechten Bildrand ist das nach seinem Erbauer genannte Timler'sche Haus, das dieser nach dem Brand am 14. Oktober

1806 von 1812 bis 1816 im klassizistischen Stil errichtete. Im Erdgeschoss bot ab 1907 für einige Jahrzehnte die Frommannsche Buchhandlung ihre Publikationen an.

Während die rechte Seite der Straße entweder im März 1945 zerstört bzw. wie das Timler'sche Haus nach dem Bau des Turmes 1973 abgerissen wurde, stehen die Gebäude links noch heute bis zur Höhe des Eingangs in die Jenergasse. In Albert Justs Laden für Küchengeräte befindet sich heute ein Optikerfachgeschäft, daneben die „Milchmixbar", Pizzeria und der einzige innerstädtische Heimwerkerladen. Das Haus mit der rosa Fassade besitzt eine geschichtsträchtige Vergangenheit. In ihm hatte das Diakonat, das Haus der evangelischen Kirchgemeinde, ihren Sitz. 1905 wurde es abgerissen und von den Architekten Johannes Schreiter und Hans Schlag im neogotischen Stil neu errichtet. Heute hat die Junge Gemeinde hier ihr Domizil und versucht die Passanten mit vielfältigen Straßenaktionen auf politische Missstände aufmerksam zu machen.

Marktnordseite

Die Marktnordseite veränderte sich im 20. Jahrhundert mehrfach. Albert Helfrich hielt auf seinem Foto den Zustand um 1934 fest. Neben der Lästerecke befindet sich das Kaufhaus Kramer, das anstelle des 1906 abgebrochenen Meyer'schen Hauses 1907 mit einer Jugendstilfassade errichtet wurde und hinter dem der Kirchturm aufragt. Rechts daneben

sieht man das alte Verbindungshaus der Burschenschaft Germania und am rechten Bildrand angeschnitten die Weinhandlung mit Restaurant von Paul Göhre. Im Juli 1933 begannen die Abrissarbeiten für das Germanenhaus, der an dessen Stelle vom Architekturbüro Schreiter und Schlag geplante Neubau wurde ein Jahr später eingeweiht.

Nach der Zerstörung am 19. März 1945 klaffte hier in der DDR-Zeit eine Baulücke, die seit 1992 wieder mit einem Wohn- und Geschäftshaus gefüllt ist. In der Weinhandlung, die nach ihrem Besitzer als „Alte Göhre“ bezeichnet wird, befindet sich seit 1987 das Jenaer Stadtmuseum. Von 1999 bis 2003 wurde dessen gesamter Fachwerkaufbau originalgetreu ersetzt und die Farbfassade nach historischen Vorlagen gestaltet.

Kolibri
Franz Seldte
Stahlhelm und Politik
SALEM
Schlöbe

Rechts neben dem Johannistor, am Beginn der Schillerstraße, stand bis 1969 ein geschichtsträchtiges Haus, das im Laufe der Jahrhunderte zahlreiche Professoren beherbergte. Der Philosoph Carl Leonhard Reinhold wohnte hier im Jahr 1789, er hatte Friedrich Schiller angeboten, in seinem Auditorium im gleichen Haus seine Antrittsvorlesung zu halten. Der Raum erwies sich dann aber als viel zu klein für die vielen interessierten Studenten und so zogen alle durch die Johannisstraße in den größeren Hörsaal von Johann Jacob Griesbach am Löbdergraben.

Hans Fischers Foto aus dem Jahr 1931 zeigt die Westfassade des Gebäudes vor dem Umbau, nach diesem waren das Labor und der Verkaufsraum von Johannes Sanniters Fotohaus im Erdgeschoss untergebracht. Vor dem Bau des Turmes war auch dieses Gebäude dem Abriss preisgegeben. Heute grenzt der Sockel des Jentowers mit dem 1999 umgebauten Nordwesteingang der Einkaufspassage an jene Stelle.

Via Triumphalis

Das Foto mit dem Blick über die Via Triumphalis in Richtung Universitätshauptgebäude fertigte der Museumsfotograf Otto Harraß im Sommer 1931 an. Hier wurden auf dem zugeschütteten ehemaligen Stadtgraben von 1838 bis 1840 Rondelle angelegt.

Im Jahrhundert der Denkmalserrichtungen bot sich diese Fläche an, um Plastiken verdienstvoller Männer aufzustellen. Auf Initiativen von Schülern und Anhängern wurde Geld gesammelt, um die Errichtung von Büsten zu finanzieren. Bis heute steht die im Vordergrund zu erkennende, 1893 von Karl Seffner geschaffene Plastik des Kirchenprofessors Karl von Hase an dieser Stelle. Das Gebäude dahinter gehörte dem Weinhändler Paul Göhre, der das Hotel „Klosterhof" 1933 nach modernen Gesichtspunkten umbauen ließ, die Zimmer waren mit Zentralheizung, Telefon und Bädern ausgestattet.

Heute ist das Haus der Sitz des Historischen Institutes der Universität und direkt gegenüber der Thüringischen Landes- und Universitätsbibliothek gelegen. Das langgestreckte gelbe Gebäude am linken Bildrand, das im Jahre 1785 als Rentamt errichtet worden war, wurde in den Bibliothekskomplex einbezogen.

„Kaffee Planetarium“

Am Ausgang der Zwätzengasse in der Saalbahnhofstraße befand sich bereits im Mittelalter ein Vorwerk, das sich bis zur heutigen Käthe-Kollwitz-Straße zog. In diesem Gut vor dem Zwätzentor wohnten u.a. der Anatom Werner Rolfinck und Schillers Schwägerin,

Caroline von Wolzogen. 1890 ließ der Gastwirt Knabe einen Teil des Gutes zur Gaststätte mit Ausspanne umbauen, die den Namen „Deutscher Kaiser“ erhielt. Dieser Name ist noch auf dem Foto von Hans Fischer zu erkennen, das er am 4. Juli 1931 aufgenommen hat. 1928 erhielt der Bauunternehmer Friedrich Ilmer vom neuen Betreiber den Auftrag für einen Erweiterungsbau, Emil Kutschke richtete hier das „Kaffee Planetarium“ ein und hoffte sicher auf viele Besucher vom nahe gelegenen Planetarium, das 1926 eröffnet worden war.

Ab 1960 war die Handelsorganistion (HO) Eigentümer der Gaststätte, beliebt war sie vor allem bei alleinstehenden Jenaern, da es die einzige Gaststätte war, die am Heiligabend bis 24 Uhr geöffnet hatte. 1991 zog hier zuerst eine Videothek ein, jetzt befindet sich eine Pizzeria im Erdgeschoss. Statt des angrenzenden Scheunengebäudes sind in den letzten Jahren moderne Wohnhäuser entstanden.

REPARATUR-
WERKSTATT
C. BÖHME
Bäckerei
Kaffee

In der Oberlauengasse, die parallel zwischen dem Markt und der Unterlauengasse liegt, waren lange Zeit auch Gerber ansässig, wie im heutigen „Haus im Sack". Als Hans Fischer am 6. Juni 1931 vor diesem Gebäude stand und in Richtung Saalstraße fotografierte, hatten sich schon lange andere Gewerke angesiedelt, die vor allem Dienstleistungen anboten. Deshalb ist rechts der Ausleger des Schuhmachermeisters Carl Böhme zu erkennen, links der Ausleger der Gaststätte „Goldener Greif". Die Kneipe existiert bereits seit 1696 an dieser Stelle, sie wurde in der ersten Hälfte des 20. Jahrhunderts vor allem von Studenten frequentiert, da sie einen preiswerten Mittagstisch anbot.

Im Hintergrund fällt der Blick auf das Eckhaus an der Schlossgasse, in dem bis heute im Erdgeschoss eine Bäckerei untergebracht ist.

Am unteren Löbdergraben eröffnete 1911 das damals größte Hotel Jenas, das vom Architekten Adolf Müller geplante und errichtete „Palasthotel Fürstenhof". Dazu ließ er die vorwiegend alten und kleinen Häuser an der ehemaligen Stadtmauer abreißen. Der im fünfgeschossigen Gebäudeensemble beidseitig von Läden eingefasste, torartige Durchgang verbindet seitdem die Straße Unterm Markt mit dem Löbdergraben. Die Grünflächen vor dem Gebäude liegen auf dem verfüllten ehemaligen Stadtgraben. Das Foto nahm am 12. Juni 1933 der Museumsfotograf Otto Harraß auf.

Das Hotel hielt sich jedoch nicht lange, obwohl es nach modernen Standards ausgestattet worden war. Hier zogen Wohnungen und Büros der Stadtverwaltung ein, deshalb heißt der Bau inzwischen „Stadthaus". Auch heute befinden sich hier mehrere Ämter sowie im Erdgeschoss das Bürgerbüro.

Krautgasse

Um 1936 fotografierte Herbert Kieseler der Häuser in der Schillerstraße an der Ecke zur Krautgasse. Vor den Hochhäusern der Firma Carl Zeiss Jena ist das dreigeschossige Gebäude des Chemischen Institutes der Universität zu erkennen. Es wurde 1891 errichtet,

doch wegen der schnell steigenden Studentenzahlen bald darauf erweitert und mit der Dampfheizung des Zeiss-Werkes versorgt. Ab 1924 waren unter dem Lehrstuhlinhaber für Chemie, Alexander Gutbier, auch die Seitenflügel in der Höhe aufgestockt worden.

Am 19. März 1945 erlitt das Institut schwere Bombenschäden, nur die Erdgeschossmauer blieb erhalten. Glück hatte das davorstehende Eckhaus, das unbeschädigt blieb. Hier hatte Otto Berger in der ersten Etage ein Sportgeschäft betrieben, im Erdgeschoss wurden Schokolade und Zigarren verkauft. 1958 wurden beide Gebäude abgerissen, um dem „Bau 59“ Platz zu machen, das 1959 der renommierte Jenaer Architekt Johannes Schlag als Forschungshochhaus für den VEB Carl Zeiss Jena geplant hatte. Der Bau umfasst 16 Geschosse und überragt mit einer Höhe von 65 Metern alle Gebäude der Straße. In den Jahren 1992/93 erhielt er durch eine umfassende Umgestaltung im postmodernen Stil sein heutiges Aussehen mit einem Fassadenausschnitt, einem gläsernen Eckturm und einer geschwungenen Dachbekrönung. Er wird nicht mehr von der Firma Carl Zeiss genutzt, sondern bietet auf 12.700 Quadratmetern Flächen für Büroräume, eine physiotherapeutische Praxis und ein Fitnessstudio.

Inselplatz

Als Hans Fischer am 21. Februar 1937 dieses Foto vom Inselplatz aufnahm, stand er an der Ecke der Gaststätte „Inselhof“ und richtete sein Objektiv in Richtung der Saalstraße. Linkerhand befand sich damals noch eine Tankstelle mit Zapfsäule. Der Name des Platzes war vielfach verändert worden. Ursprünglich war er als „Alter Holzmarkt“ bezeichnet

worden. Nachdem sich der Schweinehandel hier etabliert hatte, wurde er „Saumarkt“ genannt. 1881 wurde er auf Beschluss des Stadtrates in „Inselplatz“ geändert. Diese Bezeichnung erklärt sich aus der Lage des Platzes zwischen der Saale und der Mühllache, die als ein Seitenarm der Saale von der Landveste bis kurz vor die Wiesenstraße eine Insel bildete. Mit der Zuschüttung der Lache im Jahr 1937 ging der Inselcharakter verloren, aber die Hochwassergefahr war eingedämmt worden.

Heute stehen nur noch einige Häuser auf der linken Seite, der Inselhof ist 1987 abgerissen worden, um dem Bau eines Kaufhauses Platz zu machen, das jedoch nur wenige Jahre nach der Wende seine Funktion ausübte und 1993 geschlossen wurde. Seit 2011 ist das ganze Areal ein Parkplatz.

Kurz vor dem Abriss der Seilerei Germar und der „Gastwirtschaft zur Lachenbrücke" nahm Hans Fischer am 4. April 1937 das Gebäude am Unteren Löbdergraben 16 auf. Eine Material- und Kolonialwarenhandlung sowie ab 1850 die Speisewirtschaft, die auch unter dem Namen „Lachenschänke" fungierte, hatten hier bereits eine lange Familientradition. Der

Gastwirt „Germar-Fritze“ war zu Lebzeiten wegen seines Humors ein bekanntes Jenaer Original. Da hinter dem Haus die Lache floss, wurde das Gebäude im Zuge der Zuschüttung des Saalearmes 1937 abgerissen.

Das Architekturbüro Schreiter und Schlag führte den Neubau des Gebäudes aus und integrierte das vorhandene Sitznischenportal in die Vorderfront. Seitdem trägt die Gaststätte den Namen „Kupferhütchen“. Nach der Wende wechselten mehrfach deren Inhaber, 2014 wurden die Innenräume erneut saniert. Dabei kamen auch originale Wandbemalungen mit Fantasieansichten der mittelalterlichen Stadt wieder zum Vorschein.

Café „Westend“

Bei vielen Jenaern in guter Erinnerung ist noch das Café „Westend“ am Carl-Zeiss-Platz 1/Ecke Ernst-Abbe-Straße. Das Haus errichtete der Architekt Carl Timler im Auftrag des Bäckers Hermann Amm im Jahr 1884. Der Bäckermeister Richard Wohlgezogen ließ es 1911 umbauen und im Erdgeschoss ein Café mit Konditorei einrichten, das bereits über Spülklosetts verfügte. Der Zustand auf dem Foto, das Hans Fischer am

7. März 1937 aufnahm, zeigt den Umbau mit der verglasten Veranda, die die bekannten Architekten Schreiter und Schlag geplant hatten.

In den drei Jahrzehnten der DDR nutzte der VEB Carl Zeiss das Haus für Verwaltungszwecke, 1978 wurde der Umbau zu einer „Kaffeegaststätte mit Backwarenverkauf für den Bevölkerungsbedarf" vorgesehen, am 30. April 1979 eröffnete dann das Café „Kosmos", das stets gut besucht war. 1993 wurde das Gebäude abgerissen, um einem Neubau der Firma Jenoptik Platz zu machen. Die untere Etage wird an verschiedene Geschäfte vermietet. Im Anschluss ist die Tiefgarageneinfahrt der Goethe-Galerie zu erkennen.

Nollendorfer Straße

Hans Fischer fotografierte am 27. November 1937 die rechte Seite der Nollendorfer Straße in Richtung Norden. Der Blick wird durch den von 1902 bis 1908 von August Veit erbauten Gasthof „Nollendorfer Hof“ dominiert. Das Gebäude sticht durch seine historisierende Gestaltung ins Auge. An gleicher Stelle stand bis dahin die „Nollendorfer Schenke“. Hier endet noch heute das als „Damenviertel“ bezeichnete Wohngebiet, das verschiedene

Baumeister ebenfalls um die Jahrhundertwende errichtet haben. Jetzt gehört der „Nollendorfer Hof“ zu den Gebäuden, die die Universität verwaltet, u.a. hat das Bauaktenarchiv im Erdgeschoss seinen Sitz. Hans Fischer nahm zu diesem Zeitpunkt die östliche Straßenseite auf, weil die Häuser kurz darauf abgerissen wurden, um höheren und komfortableren Mietshäusern Platz zu machen.

Bald nach der Wende setzte auch an dieser Stelle die bauliche Modernisierung ein, trotz der viel befahrenen Straße sind die Wohnungen wegen ihrer Stadtnähe immer schnell vermietet.

Altersheim

Am Anger 15 entstand von 1926 bis 1927 ein städtisches Altersheim, das als Ersatz für das im Jahr 1924 abgerissene Brüderhospital am Löbdergraben benötigt wurde. Aber auch neue städtische Angestellte, die von außerhalb nach Jena zogen, erhielten hier übergangsweise eine Unterkunft, bis sie für ihre Familien einen geeigneten Wohnraum in der Stadt fanden. Der Architekt Heinrich Vossler hatte das Gebäude im expressionistischen

Stil der 1920er-Jahre konzipiert und setzte auch den Stifterbogen aus dem Männerspittel (Vergleich S. 50) über dem Eingang an der Westseite ein. Das Foto entstand kurz nach der Fertigstellung des Gebäudes.

Heute fungiert der Bau, der von 2004 bis 2005 saniert wurde, als Verwaltungsgebäude bzw. Technisches Rathaus, in dem auch der Oberbürgermeister sein Arbeitszimmer hat. Im neu errichteten grauen Gebäude mit roten Fenstern am rechten Bildrand sind Büros des Sozialamtes der Stadt ansässig.

Südostseite des Marktplatzes

An der Südostseite des Marktplatzes brannte es im Kaufhaus Hepprich und Hans Fischer nahm einen Tag später, am 16. Dezember 1939, die Schaulustigen auf, die den Aufräumarbeiten zusahen. Kurt Hepprich hatte das Geschäft zwei Jahre zuvor von dem nach Amerika ausgewanderten jüdischen Besitzer Arthur Behrendt übernommen. Links neben dem

Kaufhaus waren auch die unteren Etagen mit Otto und Julius Herfurths Tischlerei vom Brand betroffen. Das Kaufhaus befand sich neben dem geschichtsträchtigen „Kirsten'schen Haus“, in dem Friedrich Schiller mit seiner Familie von 1794 bis 1795 wohnte. In diesen Räumen fand das erste freundschaftliche Gespräch mit Johann Wolfgang Goethe statt, an das heute eine LED-Laufschrift erinnert, die alle Briefe enthält, die sich beide geschrieben haben.

Das Kirsten'sche Haus wurde am 9. Februar 1945 durch Bombenangriffe der US-Air Force stark getroffen und konnte nicht wiederaufgebaut werden. Seit 2005 ist die Lücke durch einen Neubau geschlossen. Das Gebäude von Otto und Julius Herfurth spiegelt sich heute in einer modernen Glashologramm-Fassade, hinter der sich die Touristeninformation befindet. Bei den Sanierungsarbeiten entpuppte sich das unscheinbare Gebäude als eines der ältesten Häuser der Stadt, als Speicherbau aus dem Jahr 1384.

„Paradiescafé“

Über viele Jahrhunderte besteht das grüne Kleinod der Stadt an der Saale. Schon der Stadtchronist Adrian Beier berichtete 1672 von diesem Paradies. Auf private Kosten des Bürgermeisters Paulsen wurden im Jahr 1780 die beiden mit Erlen, Linden und Weiden bepflanzten Alleen vergrößert. Eine Trennung in das große und das kleine Paradies entstand 1874 mit dem Bau der Eisenbahnlinie. Das „Paradiescafé“ an der Saale wurde in diesem

stadtnahen Areal zu einem beliebten Treffpunkt der Jenaer und Studenten. Von 1940 bis 1942 kam hier oft der Kreis um Ricarda Huch zusammen, in dieser Zeit entstand auch das Foto. Die Tradition der Paradiesfeste, die bis in die 1970er-Jahre gefeiert wurden, harrt einer seit einigen Jahren geplanten Wiederbelebung.

Ab 1974 investierte die Stadt in den nun umbenannten „Kulturpark Rasenmühleninsel", es kamen eine Festwiese, ein Spielplatz, Minigolf- und Kegelanlagen hinzu. Nach einer umfangreichen Sanierung öffnete 2016 das „Paradiescafé" wieder und bietet neben einem großzügigen Innen- und Außenbereich auch Raum für kulturelle Veranstaltungen.

Schillerhaus in der Zwätzengasse

Schiller wohnte während seiner zehn Jenaer Jahre in fünf Häusern. In die zweite Wohnung vor den Toren der Stadt zog er im April 1793 und blieb elf Monate. Hier arbeitete er u.a. an der philosophischen Schrift „Über Anmut und Würde“, in der er sich mit der Kant'schen Philosophie auseinandersetzte. Nach ihm zog Ende des Jahres 1794 für acht Wochen der Lyriker Friedrich Hölderlin in das Gebäude ein.

Das Foto entstand um 1942, der Jenaer Historiker Herbert Koch nahm dieses erinnerungsträchtige Gebäude für die Sammlung des Stadtmuseums auf. Das Haus wurde für viele verschiedene Zwecke genutzt, es war u.a. eine Lesebibliothek und ein Kindergarten. Nach der Wende wurde es umgebaut und modernisiert, sodass jetzt das Institut für Philosophie hier seinen Sitz hat. Heute erinnert eine der zahlreichen Gedenktafeln am Haus an den Aufenthalt des als außerordentlicher Professor an der Universität wirkenden Historikers und Dichters.

Universitätshauptgebäude

Der Amateurfotograf Walter Wurzler fotografierte im April 1945 vom Lutherplatz aus den Nordflügel des Universitätshauptgebäudes am Fürstengraben. Der erst 1908 eingeweihte Komplex wurde am 9. Februar 1945 bei einem der schwersten Luftangriffe auf Jena im

Zweiten Weltkrieg von mehreren Bomben getroffen. Auf dem Foto sind die Zerstörungen zum Fürstengraben hin zu erkennen, hier hatten sich zuvor viele Auditorien, das Mathematische Seminar mit einer Modellsammlung, das Theologische Seminar sowie dessen Bibliotheksräume befunden.

Erst 1954 konnten die Baumaßnahmen zur Wiederherstellung der Gebäudeteile abgeschlossen und in diesen Räumen der Lehrbetrieb wiederaufgenommen werden. Derzeit umhüllt, steht davor das Denkmal zur Gründung der Jenaer Urburschenschaft am 12. Juni 1815, das der Bildhauer Adolf von Donndorf im Jahr 1883 geschaffen hat. Es kam im September 1951 vom Eichplatz an den jetzigen Standort und harrt nach einem Farbanschlag der aufwendigen Restaurierung.

Teichgraben

Ein Schneise der Verwüstung, die sich vom Nordviertel und Saalbahnhof über den Fürstengraben bis zum Holzmarkt zog, schlug der Bombenangriff vom 19. März 1945. 240 Menschen starben durch diese Angriffe, etwa 250 wurden verletzt. Danach waren 220

Gebäude total zerstört, über 1.000 Häuser beschädigt. Neun Brände wüteten in der Innenstadt. Im Herbst 1946, als dieses Foto entstand, waren am Teichgraben zwar die Trümmer beseitigt, aber die Häuserruinen standen noch. Das ehemalige Hotel „Schwarzer Adler" war mit Friedenstransparenten und Wahlplakaten für die Landtagswahlen am 20. Oktober 1946 versehen.

Im Hintergrund ist der Blick auf die Industriebauten der Firma Carl Zeiss frei.

Später war hier von 1980 bis 1982 die „Jena-Information" untergebracht und in einer sehr beliebten Fischgaststätte konnten Plätze reserviert werden. Nach der Wende entstand an dieser Stelle der Neubau einer Hotelkette.

Auf dem aktuellen Foto ist rechts der Eingang zum Nonnenplan und in die Löbderstraße zu erkennen.

Steinhaus Am Kreuz

Nach dem Bombenangriff vom 19. März 1945 erhob sich inmitten der Trümmerlandschaft der Rathausgasse im Hinterhof des Hauses Am Kreuz 4 ein steinerner Massivbau. Er hatte sich, von neueren Häusern überbaut, nahezu komplett erhalten. Das Gebäude diente

im Spätmittelalter als Speicherbau, der mit einem Keller, drei Vollgeschossen und einem Dachgeschoss genutzt wurde. Trotz Unterschutzstellung des stadt- und bauhistorisch wichtigen Gebäudes wurde es 1948 abgerissen, als das Areal zwischen Rathausgasse und Eichplatz enttrümmert wurde. Das Foto hatte Hans Fischer am 23. März 1946 aufgenommen, dazu war er wahrscheinlich in den Turm des Kaufhauses Kramer an der Nordwest-Ecke des Marktes gestiegen. Heute gehört diese Stelle noch zum Parkplatz Rathausgasse.

Die Trümmerlandschaft der Innenstadt ist einem großen Parkplatz gewichen, der zu DDR-Zeiten als zentraler Platz und nach dem Besuch der Kosmonauten Sigmund Jähn und Waleri Bykowski 1978 in „Platz der Kosmonauten" umbenannt wurde. Über eine Neubebauung des seit 1991 als Eichplatz bezeichneten Areals wird derzeit rege diskutiert.

Kreuzung am Inselplatz

Diese junge Verkehrspolizistin regelte während ihres Dienstes im Sommer 1948 den Verkehr an der Kreuzung des unteren Löbdergrabens am Ausgang der Saalstraße zum Steinweg und Inselplatz. Der Blick führt am heute noch existierenden Eckhaus

vorbei zur Gaststätte „Inselhof“ am Inselplatz, die ab 1948 als Betriebsküche genutzt wurde. Für das Eckhaus mit der Adresse Steinweg 1 hatten die Brüder Bernhard Rudolf und Ernst Karl Friedrich Grossmann 1920 einen Antrag für den Bau eines Wohn- und Geschäftshauses gestellt, der Architekt Heinrich Fricke hatte die Fassade entworfen. Beide Brüder betrieben in diesem Haus in den 1930er-Jahren eine Fleischereibedarfshandlung. Den alteingesessenen Jenaern ist das Geschäft ab 1967 als „Spielwaren-Stede“ bekannt, das bis nach der Wende hier existierte.

Heute sitzen in den unteren Etagen Versicherungs- und Softwarefirmen. Die Häuser am linken Bildrand gehören zur Gerbergasse, sie wurden 1987 abgerissen, um dem Bau des Kaufhauses Platz zu machen, das nur wenige Jahre nach der Wende als Horten-Kaufhaus existierte und 2011 ebenfalls abgebrochen wurde.

Saalbahnhofstraße

Am Lutherplatz beginnt in der Höhe des Hotels „Schwarzer Bär“, das noch am linken Bildrand zu erkennen ist, die Saalbahnhofstraße, die in Richtung Norden führt. Auf dem Foto von Hans Fischer vom 1. März 1953 ist am Ende der rechten Straßenseite ein markantes Gebäude mit rundem Turm zu erkennen. Hier, in der Saalbahnhofstraße 3–5, eröffnete am 22. September 1891 Bernhard Vopelius seinen gleichnamigen Verlag, dem auch eine

Druckerei angeschlossen war. Dessen wichtigste Publikation wurde das „Jenaer Volksblatt“, eine liberal und demokratisch ausgerichtete Tageszeitung, die ein Jahr zuvor Ernst Abbe mitgegründet hatte.

Alle Gebäude an der rechten Straßenseite mussten 1972 abgerissen werden, um einer Straßenerweiterung und dem Kreuzungsbau Platz zu machen. Heute befindet sich auf dem Rasenstück vor dem Technischen Rathaus ein am 17. Juni 2010 eingeweihtes Denkmal, das Sybille Mania und Martin Neubert zum Gedenken an die politisch Verfolgten in der sowjetischen Besatzungszone und DDR errichtet haben.

Buchhinweise

Jenaer Tischgeschichten
Eine kulinarische Reise durch fünf Jahrhunderte
Christian Hill, Barbara Kösling

ISBN 978-3-95400-084-5
19,95 €

Jena
Rundgänge durch die Geschichte
Christian Hill, Uta Lörzer,
Michael Platen,
Fanny Rödenbeck, Helga Spath

ISBN 978-3-86680-637-5
14,95 €

Buchhinweise

Jena
Die schönsten Seiten – At its best
Hans-Werner Kreidner

ISBN 978-3-95400-331-0
14,99 €

Schillers Kritiker
Freiheitsschwabe und
Moral-Trompeter
Dr. Torsten Unger

ISBN 978-3-95400-300-6
12,95 €

Weitere Bücher aus Ihrer Region finden Sie unter:
www.suttonverlag.de